# La Programmation Neuro-Linguistique

© Fotolia



## *Pour développer un comportement de réussite*

**La programmation neuro-linguistique (PNL)** est un ensemble coordonné de techniques de communication et de transformation de soi qui s'intéresse à nos réactions plutôt qu'aux origines de nos comportements – « comment ? » plutôt que « pourquoi ? » – et qui propose une grille d'observation pour améliorer la perception que nous avons de nous-mêmes et des autres, dans la vie personnelle ou professionnelle. La PNL aide à développer des comportements de réussite en apprenant à mobiliser nos ressources et à utiliser tous nos sens, aussi bien dans le domaine de la psychothérapie, que dans ceux de l'éducation et de la pédagogie, de la communication, du management et même des performances sportives.

AEDIS

| | |
|---|---|
| **6** **Toute personne a en elle les ressources nécessaires pour accomplir son objectif** | Ce présupposé invite chacun à reprendre du pouvoir sur sa vie. Il induit que les limites d'une personne ne sont que la représentation qu'elle s'en fait, en restant prisonnière d'elle-même. Le changement sera la conséquence de la libération et du déclenchement des ressources appropriées à un contexte donné, enrichissant de ce fait le modèle du monde de la personne. |
| **7** **Le sens de la communication est donné par la réponse qu'on en obtient, quels que soient ses intentions et ses sentiments** | Il ne suffit pas d'avoir de bonnes intentions, il est important d'évaluer comment le message est compris et, le cas échéant, comment le changer pour viser davantage d'efficacité. Il est donc important d'être réceptif à l'impact de ses messages (feed-back) et d'en tenir compte pour ajuster sa communication au modèle du monde de son interlocuteur. |
| **8** **Le comportement d'une personne n'est pas cette personne** | Il est indispensable de faire une claire séparation entre l'identité d'une personne et ses comportements. Il est plus acceptable de parler du comportement en le dissociant de la personne elle-même, afin que celle-ci ne se sente pas jugée. S'il est relativement facile d'aider une personne à changer son comportement, il est très difficile, voire impossible, de changer sa nature. |
| **9** **Le corps et l'esprit font partie du même système cybernétique** | Ce qui se passe dans l'esprit a des répercussions dans le corps, et inversement. Si l'on observe les modifications du non-verbal, on peut en déduire des modifications concomitantes au niveau de la pensée. |
| **10** **Le langage est une représentation secondaire de l'expérience** | Lorsque des mots sont posés sur une expérience vécue, les mots ne sont pas aussi riches ou complets que la représentation mentale qui en a été construite. Si le langage (structure de surface) permet de communiquer sur le vécu et sur les représentations mentales (structure profonde), l'un des objectifs en PNL est de retrouver au travers de cette expression (langage - représentation secondaire) l'expérience primaire, c'est-à-dire la représentation mentale de ce vécu. |
| **11** **Plus un système est complexe, plus le système qui le pilote doit l'être aussi** | Ce présupposé est également connu sous le terme de *Loi de la variété requise*. Le degré de complexité est défini par le dénombrement de la quantité de comportements et d'états différents permis par le système ; une illustration en est donnée par le paradoxe du maître et de l'esclave, où c'est finalement l'esclave qui contrôle le maître car, ayant appris du maître pendant que celui-ci régressait, il finit par avoir un degré de complexité comportementale supérieur à celui du maître et donc par le contrôler. |

La PNL repose sur un ensemble de présupposés et dont les principaux sont explicités au moyen d'une expression imagée. Ils fondent et expliquent en particulier la méthode d'analyse et de modélisation. Ils transmettent des valeurs et leur intégration comportementale. Les outils, les modèles ainsi que l'éthique sous-tendant la PNL en découlent. Ces présupposés ne représentent ni une science ni une « vérité » et ils se distinguent de ceux élaborés en philosophie. Leur formulation résulte en effet d'un choix délibéré et pragmatique, prenant place dans une façon de regarder le monde. Ce sont souvent des acceptations venant d'autres approches. Les associations faites entre des pratiques PNL et des conclusions venant d'autres théories n'ont pour objectif qu'une visée didactique ou simplement d'ordre de culture générale.
Selon les intervenants en PNL, le nombre des présupposés de la PNL, ainsi que leur énoncé, varient fortement. La liste ci-dessous, quoique reprenant les plus courants, n'est donc qu'indicative et non exhaustive.

| Présupposés PNL | Signification en PNL |
|---|---|
| **1** **La carte n'est pas le territoire** | Présupposé issu de la sémantique générale qui signifie que ce qu'une personne croit être le monde n'est en réalité que sa représentation personnelle du monde, et non pas la vérité. Ainsi, il existe autant de représentations de cette réalité qu'il existe d'êtres humains, et aucune n'est plus vraie ou réelle qu'une autre. Plus que par la réalité, les choix d'un individu sont limités par ses modèles du monde et les réponses possibles qu'il en connaît. De ce présupposé découlent plusieurs idées, conceptions, attitudes, techniques et actions. Communiquer, c'est rencontrer l'autre dans son modèle du monde : plus la carte du monde de l'autre est différente, plus cela demande d'acceptation et de respect. |
| **2** **Derrière chaque comportement, il y a une intention positive** | Tout comportement est animé par une « intention positive », en ce sens que l'inconscient d'une personne la porte à faire le meilleur choix parmi ceux qui lui sont possibles à un moment donné dans un contexte donné. Il est donc impossible de changer ce choix sans s'occuper d'abord de cette intention. Le comportement n'est qu'un symptôme alors que l'intention positive est une cause plus profonde. Ce présupposé ne veut pas dire qu'il faut tout accepter de l'autre. Comprendre, oui, mais pour l'aider à changer ses comportements inadéquats. |
| **3** **À un moment donné de sa vie, toute personne fait le meilleur choix possible compte tenu du contexte et des ressources dont elle dispose** | Tout comportement, adapté ou non à une situation, a pour but de réagir à celle-ci. Le comportement est le résultat d'un choix considéré par celui qui le fait comme le meilleur possible à un moment donné, compte tenu de ses motivations inconscientes et de ses capacités, en partie dues à ses expériences et à ses connaissances. C'est la variété des choix qui permet d'affronter la complexité d'une situation. |
| **4** **Il n'y a pas échec mais retour d'expérience (RETEX ou feed-back) des apprentissages.** | L'échec et l'erreur culpabilisent et démotivent. Aussi, un résultat différent de celui souhaité ne doit-il être considéré que comme une information supplémentaire. Considérer une réponse inattendue en tant que feed-back d'un contexte responsabilise et invite à agir. Si ce qui est réalisé ne déclenche pas la réponse recherchée, il faut alors continuer à varier les actions jusqu'à déclencher une réponse désirée. Cette attitude permet d'une part de se donner la permission de commettre des erreurs et d'autre part d'accepter les erreurs de l'autre. |
| **5** **On ne peut pas ne pas communiquer** | Ce présupposé est issu des théories de l'école de Palo Alto. Même lorsque rien n'est dit, l'homme communique. Tout est donc communication, y compris un comportement de refus de communication. Aucun message n'est sans effet, nous ne pouvons pas éviter que nos paroles ou les messages non verbaux que nous émettons aient une influence sur autrui. Dès le moment où l'on en prend conscience, se pose le problème de l'éthique : influencer, certes, mais dans quel but ? Selon quelles normes ? |

# HISTORIQUE

La PNL a été mise au point dans les années 1970, aux États-Unis, par John Grinder, professeur de linguistique, et Richard Bandler, mathématicien et psychothérapeute. En France, l'enseignement de cette technique s'est surtout développée par le biais de séminaires destinés aux cadres, négociateurs, pédagogues ou thérapeutes, ainsi qu'à tous ceux qui désiraient acquérir des techniques de communication efficaces, applicables dans leur vie quotidienne.

***La PNL n'est pas une science, c'est une thérapie et non une simple méthode de connaissance de soi. Elle doit donc être encadrée et proposée par des professionnels reconnus et agréés.***

### La PNL ou l'étude pratique des automatismes et des représentations

**Programmation :** nous nous programmons en mettant en place des façons de penser, de ressentir et de nous comporter que nous employons dans les multiples situations de notre vie. Ainsi, le mot « programmation » fait référence à l'ensemble des automatismes ou apprentissages, qu'il s'agisse d'automatismes cognitifs, émotionnels ou comportementaux.

**Neuro :** cette capacité repose sur notre activité neurologique. Le mot « neuro » fait donc référence aux neurones, au système nerveux central et au système nerveux périphérique qui établissent des corrélations, utiles ou nuisibles, entre les perceptions et les émotions, et qui conditionnent les réactions.

**Linguistique :** le langage structure et reflète la façon dont nous pensons. Le mot « linguistique » explique enfin l'importance de la dimension du langage dans cette technique. Le langage est en effet compris dans ce cadre comme le véhicule de la culture et informe sur les représentations mentales du sujet.

En 1976, lorsque le psychologue Richard Bandler et le linguiste John Grinder inventent le terme de « PNL », leur démarche s'inscrit uniquement dans le domaine de la psychothérapie. Autour des années 1980, ces concepteurs s'intéressent à d'autres domaines comme ceux de la créativité, du sport, du management, de la pédagogie et de la communication. Démarche intrinsèquement pragmatique fondée sur l'expérience, la PNL se caractérise par la modélisation des « gens de talent », c'est-à-dire par le repérage, l'analyse et l'imitation des pratiques et comportements à succès, puis par leur transmission. À ces premiers modèles s'ajoutent des protocoles observés chez d'autres thérapeutes.

La PNL vise à améliorer la communication entre individus, à s'améliorer personnellement et tend à devenir une psychothérapie intégrative, c'est-à-dire qui cherche à intégrer de manière pratique les apports des différentes théories au sein de cadres divers, aussi bien personnels qu'en entreprise, dans le marketing, la vente, la pédagogie ou la performance sportive.

### QUE PERMET LA PNL ?

- **De mieux nous connaître**
- **D'exploiter au mieux nos qualités**
- **De maîtriser nos émotions**
- **De résoudre nos problèmes**
- **De mieux comprendre notre fonctionnement**
- **De mieux comprendre celui des autres**
- **De mieux communiquer**
- **De modéliser nos savoir-faire et ceux des autres**
- **De nous épanouir avec les autres**

© Fotolia

## FONDEMENTS

Les intervenants en PNL cherchent à établir des liens entre les aspects sensoriels de la pensée du sujet d'une part et ses réactions émotionnelles d'autre part. Les deux aspects constituant pour eux la subjectivité humaine. Certaines personnes peuvent avoir une réaction émotionnelle de peur totalement disproportionnée face à un élément ou un événement qui paraîtra anodin pour d'autres. La PNL cherchera à trouver le lien de cause à effet. Les concepteurs de la PNL ne se sont intéressés ni à la nature des éléments ni à celle des personnes. Ils se sont posé la question de ce qui fait la différence au sein des représentations mentales entre les sujets qui sont indifférents à tel ou tel objet et l'utilisent sans stress, et les autres, paniqués par le même objet. Pour la PNL, changer les particularités de ses représentations sensorielles entraîne une modification dans le comportement ou dans la performance et, bien entendu, dans la maîtrise de soi. **La subjectivité est par conséquent au centre de la PNL**.

### ÉTHIQUE ET DÉONTOLOGIE

La critique principale faite à la PNL est qu'elle viserait à développer des moyens d'influencer autrui par le biais de comportements capables de manipuler les réactions d'un interlocuteur. De fait, l'absence d'éthique revendiquée a été pointée du doigt.

La PNL est un ensemble d'outils pratiques dont l'usage dépend par conséquent du niveau de formation et de l'éthique de chacun. Les enseignants en PNL ont cherché à remettre la responsabilité morale et la responsabilité pédagogique au centre des formations. Ils ont établi un code de déontologie adopté par la suite par les psychothérapeutes PNL. Les associations nationales ou internationales complètent ce code en fixant des critères de certification pour chaque niveau de formation.

L'éthique de la PNL doit permettre de protéger l'individu, tout en favorisant des améliorations. De ce fait, et selon les mots de Monique Esser, « la PNL est un projet éthique, et non un cadre contraignant ».

### LES PILIERS DE LA PLN

- **Le rapport**, à soi et aux autres.
- **La représentation sensorielle**, pour exploiter ses 5 sens.
- **La pensée en termes de résultats** et non de problèmes.
- **La flexibilité comportementale** pour s'adapter à toutes les situations.

#### Indication et contre-indication

La PNL est particulièrement efficace pour résoudre des problèmes ponctuels (se remettre d'une rupture ou d'un deuil, ou d'un drame national : attentat ou accident, préparer un examen, résoudre un blocage précis, sortir d'une série d'échecs, prendre la parole en public…) Elle permet aussi d'affronter certains problèmes de santé ou de somatisation, les troubles d'une crise d'identité ou encore de se sentir simplement plus à l'aise en société. Ses outils peuvent être utilisés seuls, mais ils sont souvent intégrés dans un processus global choisi par le thérapeute. La PNL est souvent utilisée en complément d'autres méthodes thérapeutiques. Il n'y a pas de contre-indication, hormis les cas de troubles graves de la personnalité qui relèvent de la psychiatrie. La PNL s'acquiert par des formations dédiées, encadrées le plus souvent par un code de déontologie et une éthique professionnelle spécifique.

qui peuvent être inconscients et bloquants. Ces paliers sont ordonnés, progressifs et interdépendants. Chaque niveau est important, mais pour résoudre un problème, il faut respecter l'ordre des paliers et passer par ces différents paliers :

| | |
|---|---|
| **1. Le palier d'environnement :** | **Où ? Quand ?** |
| **2. Le palier de comportement :** | **Quoi ?** |
| **3. Le palier de capacités :** | **Comment ?** |
| **4. Le palier de valeurs, ou de croyances :** | **Pourquoi ?** |
| **5. Le palier d'identité :** | **Qui est-il ? Qui suis-je ?** |
| **6. Le palier d'appartenance :** | **Pour qui ? Avec qui ?** |

- **La visualisation mentale**

L'objectif de cet outil est de créer des images visuelles pour faciliter les actions futures. Cela consiste « simplement » à se projeter dans l'avenir, à se voir sur un écran virtuel en train de réussir l'action à entreprendre. La question n'est alors plus de savoir si l'on va réussir, mais comment y parvenir. Le cerveau va alors mettre en œuvre les bons outils pour réaliser ce « comment ».

## TECHNIQUES LINGUISTIQUES

Les deux premiers modèles en PNL sont linguistiques ; il s'agit du « méta-modèle » et du « Milton-modèle ». Le « méta-modèle » est le tout premier modèle créé en PNL. Il sert d'une part à mettre en évidence les mécanismes utilisés par le sujet pour transformer son expérience sensorielle en langage, et d'autre part à enrichir la conception du monde du sujet par le questionnement des figures linguistiques.

À l'inverse, le « Milton-modèle » est un ensemble de formulations verbales qui sont suffisamment floues et imprécises dans le langage pour que le patient puisse y intégrer sa propre expérience, ce qui permet de ne pas interférer avec le vécu du sujet, celui-ci pouvant projeter sa propre réalité. Pour chaque catégorie du « méta-modèle » qui cherchait à mettre de la précision dans une explication, le modèle de Milton aura une formulation inverse qui favorise le flou et la généralisation. L'objectif étant de ne pas « heurter » les conceptions du sujet et/ou de l'autre.

## TECHNIQUES ISSUES DES THÉRAPEUTES

La PNL use également de techniques modélisées par des thérapeutes et issues, de fait, de différentes démarches en psychologie. Ces techniques reposent sur quatre fondamentaux : le recadrage, l'ancrage, la dissociation et la synchronisation.

- **Le recadrage**

Le recadrage est une occasion présentée par le thérapeute de « considérer une situation d'un autre point de vue » et par là même de donner un autre sens à l'expérience vécue. Le recadrage peut porter sur le contexte, sur le sens ou sur les processus (ce sont les techniques de changement). Deux grandes techniques utilisent ce procédé. Le « recadrage en six pas » d'une part est un protocole pour guider une personne afin qu'elle trouve une alternative plus satisfaisante à l'intention positive d'un comportement, d'attitudes ou de convictions. À l'inverse, le processus dit de « négociation des parties » sert à guider une personne qui hésite entre deux attitudes ou deux comportements apparemment inconciliables, en cherchant toujours l'intention positive de chaque partie.

- **L'ancrage**

Le processus dit d'« ancrage », ou de « point d'ancrage » est un processus simple et naturel qui consiste à associer un état interne (émotion, ressenti) à un stimulus externe. Le simple fait de redéclencher le stimulus suffit à faire revenir à l'esprit toute l'expérience et son état interne associé. Les « ancres » peuvent être visuelles, auditives, kinesthésiques, olfactives ou gustatives. L'exemple littéraire le plus célèbre d'ancrage est celui, gustatif, décrit par Marcel Proust dans *À la recherche du temps perdu*. L'auteur explique comment tous les souvenirs de son enfance reviennent à son esprit alors qu'il déguste une simple madeleine comme celles qu'il appréciait étant enfant. À l'inverse, la technique dite de la « désactivation d'ancre », est utilisée lorsque le sujet est dans un état émotionnel négatif qui le coupe de ses compétences et ressources.

- **La dissociation**

La « dissociation simple » est une autre technique issue des grands thérapeutes, qui se caractérise par l'état dissocié, c'est-à-dire le fait de s'imaginer sur un écran et de se voir en train d'agir. Il convient pour le sujet, dans un contexte précis, de se penser comme étant un observateur de soi-même. La dissociation simple est notamment utile dans le traitement des traumatismes. La technique de la « double dissociation » concerne des personnes souhaitant se défaire d'un ressenti très négatif à propos d'une situation réellement vécue, par exemple une phobie.

- **La synchronisation**

La synchronisation est une technique qui consiste à manifester de l'empathie, soit verbale, soit par les gestes. C'est la manière qu'un individu adopte pour manifester son accord, ou une certaine confiance dans la relation. La synchronisation des mouvements, par exemple, consiste à mimer les mouvements et attitudes de l'interlocuteur, qui, ainsi, va ressentir une empathie et un accord. La danse en couple est la situation la plus représentative de synchronisation des mouvements.

Les fondateurs et praticiens PNL ont modélisé des outils et de nombreuses techniques de changement. Leur usage coordonné donne à l'intervenant à la fois de la précision et de l'efficacité mais offre également une grande créativité dans la recherche de solutions.

## LES FILTRES DE PERCEPTION

Pour découvrir le monde, nous utilisons cinq sens : la vue, l'ouïe, le toucher, l'odorat et le goût. Notre vision du monde nous est propre et se construit en fonction de nos perceptions. Certaines personnes utilisent en priorité leur canal visuel (la vue), leur canal auditif (l'ouïe), leurs canaux kinesthésiques (le toucher) ou leurs canaux olfactif et gustatif (odorat et goût). Cette dominante sensorielle va conditionner le comportement de chacun, car elle influencera l'individu en priorité par rapport aux autres filtres sensitifs.

Le modèle dit des « canaux sensoriels » (ou VAKOG, acronyme pour : « Visuel, Auditif, Kinesthésiques, Olfactif, Gustatif ») pose que la relation au monde extérieur passe nécessairement par au moins l'un des cinq sens. Chacun fonctionne comme un filtre perceptif lié à la mémorisation. Au fil du temps, chacun favorise un, voire deux de ses cinq sens. Chaque individu possède un mode de communication privilégié et son expression reflète cet état de fait. Ainsi, dans le modèle VAKOG, le postulat est que ce sont les sens qui mettent en relation le sujet avec l'environnement.

### • L'écoute physique

C'est un élément essentiel de la PNL. Lors d'une conversation, il convient de mettre son interlocuteur en confiance et de faciliter la relation en utilisant des outils basés sur la communication visuelle. La technique consiste à détecter tout ce qui est observable chez la personne sans l'interpréter (mouvement des mains, de la tête, des pieds, des yeux, de la bouche, respiration, tension…). Cette analyse permet de rapidement « calibrer » son interlocuteur et de comprendre facilement ce qu'il ressent à partir de ses mouvements corporels identifiés.

### • L'écoute auditive

Il s'agit de mettre son interlocuteur en confiance en utilisant des outils basés sur le langage, sous forme d'une écoute attentive, toujours sans interprétation de ses propos. Écouter, ce n'est pas seulement entendre, c'est aussi témoigner à son interlocuteur des signes tangibles d'intérêt et d'écoute attentive, comme, par exemple, des acquiescements réguliers, en répétant les phrases prononcées, en reformulant fidèlement ses propos… cette attitude témoigne à celui-ci de l'intérêt, et le soutient dans sa réflexion en l'engageant à poursuivre son effort.

### • Le feed-back

L'objectif de cette technique est de pouvoir dire à une personne ce que l'on pense de ses actions, bonnes ou mauvaises, pour en tirer des éléments positifs et la faire progresser, en lui faisant prendre conscience, en confiance, de ce qu'elle est, avec ses forces et ses faiblesses, et non de ce qu'elle croit être. Le feed-back doit se baser uniquement sur des faits précis et non sur des interprétations. Il ne s'agit pas de juger mais d'éveiller et de rassurer.

### • Les positions de perception

Cela consiste simplement à « prendre du recul » face à un événement ou une personne, pour ne pas réagir à chaud et que l'affect ne prime pas sur le raisonnement. L'objectif va donc consister à mettre de la distance entre la personne concernée et la situation génératrice de tension ou de trouble. Pour cela, il convient de faire revivre à la personne la situation concernée, en l'aidant à prendre du recul ou de la hauteur, comme si celle-ci n'était plus actrice de l'événement mais spectatrice. Passer ainsi du subjectif au factuel pour relativiser et mieux gérer les émotions.

### • Le seuil de tolérance

Il s'agit ici de permettre à quelqu'un de prendre conscience d'une situation de blocage, due à une tension extrême qui fait sortir la personne de ses gonds. Quand son « seuil de tolérance » semble atteint par l'accumulation de petites ou grandes causes, il convient de l'aider à sortir de cette situation bloquante et paralysante en utilisant l'une ou l'autre des méthodes précédentes, lui permettant ainsi de prendre du recul, et d'analyser comme un observateur et non comme un acteur ou une victime la situation incriminée et les multiples causes, pour l'aider à repasser sous son seuil de tolérance et à repousser les limites de celui-ci.

### • La recherche d'objectif

L'analyse d'un problème est une étape importante. La détermination d'objectifs personnels en est une autre, tout aussi primordiale, pour soi-même ou pour un groupe. En dissociant méthodiquement les différentes données d'un problème, il apparaît souvent plus facile de résoudre point par point les étapes vers un objectif déterminé. Ainsi, en délimitant et en définissant précisément : la situation présente, l'objectif futur, les bénéfices personnels, les obstacles, les ressources nécessaires, les indicateurs de réussite et les inconvénients objectifs, il devient plus simple d'appréhender les épreuves et de trouver des solutions à chaque problème.

### • Les paliers de la pensée

Toutes les actions quotidiennes sont sous-tendues par la satisfaction d'un ou plusieurs paliers de la pensée. Paliers

## LES DOMAINES D'APPLICATION DE LA PNL

### • Psychothérapie

Pendant ses premières années, la PNL n'a évolué qu'au sein du champ de la psychothérapie. Un certain nombre de techniques ne peuvent être d'ailleurs employées que dans ce cadre, notamment pour lutter contre les phobies. Mais les modèles et techniques ou « protocoles » dans le jargon de la PNL reposent sur l'observation de grands thérapeutes appartenant à différentes écoles des sciences humaines. Il est ainsi d'usage de ne pas considérer la PNL comme étant restrictivement rattachée aux psychothérapies et peut s'appliquer à la communication, au management, à la pédagogie ou au sport.

### • Communication, management, RH et marketing

Plusieurs modèles dits « communicationnels » existent : le méta-modèle et celui dit des « conditions d'objectif » sont deux modèles qui permettent d'améliorer la communication interpersonnelle. Le fait de questionner les explications et les objectifs de chacun dans une organisation favorise une communication professionnelle plus claire et donc plus efficace.

Le modèle des méta-programmes permet une évaluation des attitudes de chacun, par exemple le fait d'être proactif ou passif, ou encore orienté vers soi ou vers l'entreprise. Ces critères servent surtout aux procédures de recrutement, ainsi qu'aux entretiens d'évaluation dévolus à la fonction ressources humaines.

### • Pédagogie

La pédagogie PNL se manifeste [illegible] majeurs : **l'apprentissage cognitif** [illegible] pédagogie est l'un des pr[illegible] La modélisation des différentes stratégies mentales em-ployées par des élèves brillants [illegible] pédagogie spécifique. Comme ces élèves utilisent les cinq mêmes stratégies : ***comprendre, mémoriser, réfléchir, prononcer, transférer***, l'objectif est de retransmettre celles-ci aux enfants en difficulté, avec des résultats spectaculaires aussi bien en français qu'en mathématiques, en langues, en histoire, etc. Toute la spécificité de cette pédagogie basée sur **l'apprentissage cognitif** repose sur le fait de proposer aux enfants de réaliser les opérations mentales qui sont nécessaires et suffisantes pour réussir les tâches scolaires.

### • Performance sportive

Dans le domaine de la performance sportive, le mental est aussi important à développer que le physique. Pour gérer la dimension psychologique du sportif, la PNL peut agir sur trois points : ses objectifs, ses états émotionnels et ses croyances limitantes (« je n'y arriverai jamais »). Différents modèles sont utilisés pour développer ce mental, s'assurer que les objectifs soient bien formulés et acceptés, gérer les états internes, rassurer le sportif, désactiver des croyances limitantes et, enfin, installer des croyances dynamisantes qui seront indispensables pour le motiver.

### Bibliographie


- ***The Structure of Magic***, Richard Bandler et John Grinder, Science et Behavior Books, 1975
- ***Les Secrets de la communication***, Richard Bandler et John Grinder, LeJour, 1982
- ***Un cerveau pour changer***, Richard Bandler, InterEditions, 1990
- ***Obtenez la vie que vous voulez***, Richard Bandler, Les éditions de l'Homme, 2010
- ***Le Grand Livre de la PNL***, Catherine Cudicio, Eyrolles, 2004
- ***Le Nouveau Dico-PNL***, Jane Turner et Bernard Hévin, InterÉditions, 2006
- ***Votre cerveau n'a pas fini de vous étonner***, Boris Cyrulnik et collectif, Albin Michel, 2012
- ***La PNL en perspective***, Monique Esser, Bruxelles, Labor, 2003
- ***La Pédagogie PNL***, Alain Thiry, De Boeck, 2014
- ***Le Bêtisier des PNListes***, Alain Thiry, Inter Actif, 2012
- ***S'initier à la PNL***, Marion Sarazin et Robert Dilts, ESF, 2010
- ***Apprenez à mieux vous connaître : PNL et ennéagramme***, 2 approches complémentaires, Pierre Longin, Dunod, 1995
- ***PNL et performance sportive***, Antoni Girod, Amphora, 1999


### Adresses utiles

- L'**Association française de programmation neuro-linguistique (AFPNL)** recense tous les professionnels de la PNL : **http://www.ifpnl.fr**
- La **NLPNL** est une association qui réunit 20 instituts pratiquant la PNL en France et ayant adhéré à une charte de qualité très précise. Cette association est la seule en France à délivrer ce type d'agrément.
- **Fédération NLPNL : www.nlpnl.eu**
- **Portail français : www.pnl.fr**
- **Association internationale pour la PNL : www.ia-nlp.org**
- **Centres de formations certifiantes en PNL :**
  **www.activpnl.com**
  **www.france-pnl.com**
  **www.efpnl.fr**
  **www.institut-repere.com**


ISBN 978-2-84259-788-7

9 782842 597887





Texte : Groupe TM - Photographies : © Fotolia
Dépôt légal : 1er trimestre 2016
PRINTED IN FRANCE